In Search of Treasure

در جستجوی گنج

Serial Number: P2245250105

Title: In Search of Treasure

Sub Tittle: A Good Story for a Good Night's Sleep

Author: Azam Khoram

Illustrator: Nashmin Valadi

ISBN: 978-1-990760-38-9

Metadata: An Ancient Moral Story

Book Size: 6.5 * 6.5 Paperback

Pages: 34

Canada Publish Date: September 2022

Publisher: Kidsocado Publishing House

دربارهٔ این داستان:

این داستان برگرفته از مثنوی است. مثنوی نوشتهٔ جلال الدین محمد بلخی ملقب به مولاناست که شاعر و عارف ایرانی قرن هفتم است.

از نکات آموزنده این داستان زیبا و اخلاقی:

۱- استفاده درست و صحیح از نعمت‌هایی که در اختیار داریم

۲- استفاده از تجارب و راهنمایی‌های بزرگ‌ترها

۳- کمک خواستن از خداوند در سختی‌ها

۴- قدر چیزهایی که داریم را بدانیم و از نعمت‌هایی که داریم غافل نباشیم

About this story :

This story is taken from Masnavi written by Jalaluddin Mohammad Balkhi, known as Maulana, a seventh century Iranian poet.

 Some of the informative and moral points of this beautiful story are:

- Careful use of the few blessings we have
- Using the experiences and wisdom of adults
- Asking God for help in difficult times
- To appreciate the things, we have and not be ignorant of our blessings

In ancient times, a young man lived in Baghdad who inherited a large fortune from his father. But he could not manage this wealth well, and he did not spend it properly, wasting much of the great wealth he had.

در زمان‌های بسیار قدیم، مرد جوانی در بغداد زندگی می‌کرد که ثروت زیادی از پدرش به او به ارث رسیده بود. ولی او نمی‌توانست به خوبی این ثروت را مدیریت کند و آن را به درستی خرج نمی‌کرد و ثروت فراوانی را که در اختیار داشت به هدر می‌داد.

He lived without considering that one day this wealth would end. No matter what the elders of the people or his family warned him, he did not pay attention and only thought about his pleasures.

او اصلاً به این موضوع فکر نمی‌کرد که اگر بدون حساب، کتاب و تدبیر زندگی کند، بالاخره روزی این ثروت تمام خواهد شد. هرچه ریش سفیدان، بزرگان قوم و خانواده اش به او تذکر می‌دادند، توجهی نمی‌کرد و فقط به خوشگذرانی‌هایش فکر می‌کرد.

Days, weeks, months, and years passed, and finally, his wealth dwindled until one day he was left with but a small house and no money.
All his friends and relatives left him when they found out that he no longer had any money.

روزها، هفته‌ها، ماهها و سالها گذشت و بالاخره ثروت هنگفت پدرش کم و کمتر شد تا اینکه یک روز متوجه شد از آن همه ثروت، فقط خانه کوچکی برایش باقی مانده و هیچ پولی هم در بساط ندارد. همه دوستان و اطرافیانش وقتی متوجه شدند که او دیگر پولی ندارد، رهایش کردند.

The young man, who was left alone and without money, began to cry and pray, he said: My God, I did not thank you for the blessings I had, and now I am in a difficult situation. Help me, I promise if you help me, I will never repeat my previous mistake.

جوان که تنها و بی پول مانده بود شروع به گریه وزاری و رازونیاز کرد و در پیشگاه خدا دعا کرد و گفت: خدایا، خداوندا! من شکر نعمت نکردم و حالا به سختی گرفتار شده‌ام. مرا کمک کن. قول می‌دهم اگر مرا کمک کنی ، هرگز اشتباه قبلی‌ام را تکرار نکنم.

The forgiving God accepted the young man›s apology and answered his prayer.
A few days later, the young man dreamed of a holy spirit telling him to go to Egypt where a great treasure awaited him.
When the young man woke up, he thought about his pleasant dream but dismissed it as such; just a dream and went about his day.

از آنجا که خدا بسیار مهربان است. گریه و ناله‌های جوان را پذیرفت و دعایش را مستجاب کرد.
چند روز بعد جوان در خواب هاتفی را دید که به او می‌گفت باید به مصر برود چون در مصر گنج بزرگی در انتظار اوست.
وقتی جوان از خواب بیدار شد به خودش گفت چه خواب خوبی بود ولی افسوس که فقط یک خواب بود و به خوابی که دیده بود، اعتنایی نکرد.

The following nights he kept having the same dream about the holy spirit and the bountiful treasure in Egypt. After a couple of nights of this repetition, he decided that his dreams could be a sign from God, so he set off for Egypt to try his luck.

ولی این رویای صادق در شب‌های بعد هم تکرار شد و باعث شد جوان به این فکر کند که تکرار این خواب حتماً دلیلی دارد و نشانه‌ای است تا او را به سمت گنجی که در انتظاراوست، هدایت کند.

بنابراین تصمیم گرفت طبق خوابی که دیده به طرف مصر به راه بیفتد و بخت خود را آزمایش کند.

It was not easy to travel back then. He had a treacherous journey and after a long time, he finally arrived in Egypt. His lack of money and familiarity with Egypt meant he had to spend the night in the streets and markets.

او مسیر سختی را طی کرد و بعد از مدتها بالاخره به مصر رسید. ولی چون پول‌هایش تمام شده بود و از طرفی، کسی را در مصر نمی شناخت، مجبور شد شب را در کوچه و بازار بگذراند.

Unbeknownst to him, recent thefts in the city had made the ruler of Egypt order that no one should sleep in the streets and no one should be out of the house after sunset. Otherwise, they will be arrested and imprisoned by the guards.

The poor young man did not have the money to rent a place and was arrested by the head of the guards.

They thought they had caught the thief, so they took him to the ruler of Egypt and beat him severely.

از طرفی حاکم شهر به خاطر دزدی‌هایی که در شهر اتفاق افتاده بود، دستور داد کسی نباید در کوچه‌ها نخوابد و هیچ کس بعد از غروب خورشید نباید بیرون از خانه باشد. وگرنه توسط ماموران دستگیر و زندانی خواهد شد.

جوان بیچاره که از همه جا بی خبر بود و از طرفی پولی هم نداشت تا جایی را کرایه کند، توسط رئیس نگهبانان دستگیر شد. آنها فکر می‌کردند دزد واقعی را دستگیر کرده‌اند بنابراین او را پیش حاکم شهر بردند و حسابی کتک‌اش زدند.

The young man, who saw that he was about to be killed by their fists, kicks and lashes shouted, «Have mercy, I am not a thief», and explained the whole story to the ruler of Egypt.
The ruler of the city was a good man and felt that the young man was telling the truth and that he had really come there because of the dreams he had had.

جوان که می‌دید کم مانده زیر مشت، لگد و شلاق آنها کشته شود فریاد زد: رحم داشته باشید، من دزد نیستم و تمام ماجرا را برای حاکم شهر تعریف کرد.

حاکم شهر که مرد خوبی بود، احساس کرد که جوان راست می‌گوید و واقعاً به خاطر خواب‌هایی که دیده به آنجا آمده تا شاید گنجی پیدا کند.

Taking pity on the young man, he said to him: What an ignorant young man you are! Does a wise person give up his life for a dream and become lost in the mountains and desert? I myself have dreamed many times that in Baghdad, in a small house, under an old tree, a treasure is hidden, but I have never thought of giving up my life and looking for that imaginary treasure.

به همین دلیل دلش برای جوان سوخت و به او گفت: تو چه جوان نادانی هستی! مگر آدم عاقل به خاطر یک خواب، زندگی اش را رها می‌کند و آواره کوه و بیابان می‌شود؟ مثلاً من خودم بارها خواب دیده‌ام در بغداد و در خانه کوچکی، زیر درخت کهنسالی، گنجی پنهان شده است ولی هیچ وقت به این فکر نیفتادم که زندگی‌ام را رها کنم و به دنبال آن گنج خیالی بروم.

The location in the Ruler›s dream was familiar to the young man. He recognized it as his house and the old tree in his backyard. He looked at the Ruler and said, «I thank you for guiding me and showing me the right way. I promise to return to my city today.»

نشانی‌هایی که حاکم می‌داد برای جوان بسیار آشنا بود. او متوجه شد که حاکم دقیقاً نشانی خانه او و درخت کهنسالی را می‌دهد که در حیاط خانه اوست. به همین دلیل از او تشکر کرد و گفت: من از شما متشکرم که راهنمایی‌ام کردید و راه درست را نشانم دادید. من قول می‌دهم همین امروز به شهر خودم برگردم.

The ruler gave some money to the young man to travel and return to his city
That day, the young man departed from Egypt and headed home. The moment he got back he picked up a shovel, dug under the old tree and found a box full of gold coins; once again he was rich!

حاکم مقداری پول به جوان داد تا خرج سفر کند و به شهرش برگردد.

او همان روز مصر را ترک کرد و به شهر خودش برگشت. به محض آنکه به خانه‌اش رسید، بیلی برداشت و زیر درخت کهنسال را حفر کرد و صندوقی پر از سکه های طلا پیدا کرد و دوباره ثروتمند شد.

Unlike last time, the young man had worked hard for this wealth, traveling all the way to Egypt and back. Due to this and with consideration of his past financial mistakes, he had learned to manage his wealth.

ولی این بار چون برای یافتن این گنج زحمت زیادی کشیده بود و از طرفی تجربهٔ ارزشمندی نیز کسب کرده بود، آن را به درستی مدیریت کرد و اشتباهات گذشته‌اش را تکرار نکرد.

Not only had the young man become wealthy, but he had also learned an important lesson.
His journey had given him the understanding that throughout our life we have many opportunities and treasures, both physical and metaphorical, that we can often take for granted.
But if we pay attention to our God-given resources early, and take good care of them we will achieve happiness much easier and faster.

او حالا هم به گنج رسیده بود و هم نکته مهمی را فهمیده بود و آن اینکه خیلی وقتها ما خودمان چیزهایی داریم که برای رشد و آرامش ما کافی هستند ولی از آنها غافل هستیم و ارزش آنها را نمی‌دانیم در حالی که اگر از همان ابتدا به داشته‌های خودمان توجه کنیم، از آنها به خوبی مراقبت کنیم و به بهترین شکل از آنها استفاده کنیم، خیلی راحت‌تر و سریع‌تر به خوشبختی می‌رسیم.

The End

پایان